Der Vogel der Freiheit
fliegt nur in eine Richtung

Christian Raab

Der Vogel der Freiheit
fliegt nur in eine Richtung

Gedichte

Bibliografische Information der Deutschen Nationalbibliothek:
Die Deutsche Nationalbibliothek verzeichnet diese Publikation in der Deutschen Nationalbibliografie; detaillierte bibliografische Daten sind im Internet über http://dnb.dnb.de abrufbar.

© 2023, © 2024 Christian Raab
2. Auflage

Lektorat: Cornelia Artmeyer

Verwendung lizenzfreier Motive für die Covergestaltung von:
https://www.pexels.com/de-de/

Foto auf Seite 104: Dieter Raab

Verlag: BoD · Books on Demand GmbH, In de Tarpen 42, 22848 Norderstedt
Druck: Libri Plureos GmbH, Friedensallee 273, 22763 Hamburg
ISBN: 978-3-7412-7181-6

Verbreitung dieser Arbeit oder abgeleiteter Arbeiten in Teilen in Standard-(Papier-) Buchform oder als E-Book für kommerzielle Zwecke ohne vorherige Erlaubnis durch den Copyright-Inhaber ist untersagt.

Nichts in dieser Welt ist ein Geschenk;
was immer es zu lernen gibt, ist auf dem schwierigen
Weg zu lernen.

Don Juan Matus

Geleitwort	13
Zuversicht	15
Die Kunst des Scheiterns	16
Rücksichtslosigkeit	17
Balance	18
DIY	19
Haiku I	20
Samen	21
Anmerkung I	22
Ödnis	23
Vom Glück	24
Dem Eigendünkel zur Mahnung	25
Haiku II	26
Fallrichtung	27
Depression	28
Kontrollierte Torheit	29
Haiku III	30
Warnung	31
Anmerkung II	32
Von Sinnen	33
Tanze! Singe!	34
Zwiespalt	35
Anmerkung III	36

Haiku IV	37
Von der Magie	38
Brasilien	39
Haiku V	40
Die Weisheit des Affen	41
Tragik	42
Verlorene Kindheit	43
Blaupause	44
Faktum	45
Anmerkung IV	46
Rekapitulation	47
Haiku VI	48
Von der Angst	49
Anmerkung V	50
Wende	51
Waise	52
Haiku VII	53
Anmerkung VI	54
Skalierung	55
Fragment	56
Haiku VIII	57
Ernüchterung	58
Toter Winkel	59

Erschrecken	60
Kontextmenü	61
Anmerkung VII	62
Aussöhnung	63
Sei mein Gefährte	64
Bring mich sacht zum Schweigen	66
Anmerkung VIII	67
Anmaßung	68
Haiku IX	69
Zirkus	70
Was die Leute von der Liebe denken	71
Haiku X	72
Schlaf	73
Treibjagd	74
Sich richten	75
Selbst-Erinnern	76
Haiku XI	77
Pate	78
Anmerkung IX	79
Bis zu den Zähnen bewaffnet	80
Das höchste Gut	81
Tabu	82
Haiku XII	83

Furchtlosigkeit	84
Abwägung	85
Pirschen	86
Haiku XIII	87
Dunkler Schoß	88
Haiku XIV	89
LSD	90
Abschied	91
Zeit	92
Haiku XV	93
Am See	94
Haiku XVI	95
Anmerkung X	96
Meditation	97
Freiheit	98
Haiku XVII	99
Beten	100
Der stille Ozean	101
Haiku XVIII	102
Anmerkung XI	103

Geleitwort

Da ist jemand auf Reisen gegangen, feinfühlig und gedankenoffen für die Eigenheiten alltäglicher Momente, in denen doch sehr viel mehr steckt als die Alltäglichkeiten, die wir alle kennen.

Der Blick hinter die Kulissen der eigenen Person, das kann zum Anlass werden für lange Texte, ganze gedankliche Elaborate bis hin zu Romanen, wie der von Max Frisch: Mein Name sei Gantenbein!

Christian Raab geht einen anderen Weg. Poesie hat für ihn etwas mit Konkretisierung, mit Verdichtung zu tun. Und da sind die poetischen Kurzformen, wie das Zen-orientierte Haiku, aber auch das Spruchgedicht aus unseren literarischen Breiten, maßgebend. Und diesen Weg geht er ausführlich und vielseitig und doch im Einzelnen prägnant und in scharfe Bilder geschnitten.

Der Umgang mit der Angst, der Enttäuschung und dem Zweifel; das Ablegen hinderlicher Hüllen und der Ausblick auf eine klare, reine Sicht auf das Leben sind Leitbilder seiner Poesie. Das aufmerksame Lesen der Texte wird hierbei zu einer intimen Einladung, zu einem Spiegel für die eigene Innenschau.

Die einzelnen Wegmarken einer solchen Reise sind in der Sammlung der vorliegenden Gedichte, Aphorismen und Gedanken zu besichtigen.

Keinesfalls aber muss dieses Büchlein angestrengt durchgelesen werden, vielmehr lohnt sich hier immer wieder das Reinlesen: Denn was kann Lektüre besseres sein als ein erlesenes Erlebnis!

Frederik Vahle
Salzböden, 13.01.2023

Zuversicht

Lass ab von den schillernden Träumen,
entblöße der Hoffnung ihr schäbiges Gesicht –
fortan nur die raue Wirklichkeit
und ihr kühles, klares Licht.

Die Kunst des Scheiterns

Könnten wir nur sehen,
dass das Scheitern
uns vollendet!

Es ist das Wohlgefallen
– süß und schwer –,
das sich gegen uns verwendet.

Rücksichtslosigkeit

Nur der Freude will ich
mein Gesicht noch zeigen,
und nur der harsche Wind vermag
mir Tränen in die Augen zu treiben.

Balance

Darin liegt die Kunst:
weder festzuhalten noch
loszulassen.

DIY

Das große Schweigen
weiß nichts von zweiten Chancen.

Das nächtliche Zirpen der Grillen
birgt kein Versprechen.

Alles, aber auch wirklich alles,
muss man selbst machen.

Haiku I

Purzelnde Wolken,
ein schwarzer Vogel gleitet
lautlos vorüber.

Samen

tausend Samen
und nur einer geht auf –
manchmal denke ich:
um den Menschen steht's schlechter

(aber es lässt mich auch
die Dummheit besser ertragen)

Anmerkung I

Ein Gedanke genügt,
um das gesamte Universum
gegen dich aufzubringen.

Ödnis

Bisher ist dir nur geschehen
so wie harsche Winde, die über die öden Felder gehen.
Stets lief alles in dir ab
wie der Regenguss den Weg hinab.

Aufbegehren und dein Haupt verbeugen
war ein Theater ohne Zeugen.

Vom Glück

Was lieben wir doch
die fernen Ziele,
die zu erreichen
wir niemals fürchten müssen –

so endlos auf dem Weg zu uns selbst
und zu einander.

Dem Eigendünkel zur Mahnung

Er nimmt die Dummen wie die Weisen,
den Tyrann und auch den armen Knecht,
jene, die um sich selber kreisen,
selbst den, der gut ist und gerecht.

Er lässt sich nicht bezirzen,
ob du jung bist oder alt,
jedes Reich wird er am Ende stürzen
und macht vor keinem König halt.

Der Getreue sitzt an deiner Seite,
geduldig, still und schweigt:
dir gehört das Nahe und das Weite
ganz nur, bist du ihm zugeneigt.

Haiku II

Das Glück bleibt denen,
die traurig sind; den andren
schales Vergnügen.

Fallrichtung

Das Denken unterliegt
dem Gesetzt der Schwerkraft:
es zieht dich nach unten.

Willst du aufrecht sein,
musst du Widerstand leisten
gegen das eigene Bestreben,
dich auszuruhen.

Depression

Wer nicht fühlen will,
muss denken.

Kontrollierte Torheit

Unter den Menschen:
„So tun, als ob"
ist der Schlüssel –
nichts bedeutet irgendetwas

Im Alleinsein:
Der kleinsten Kleinigkeit
sein Augenmerk schenken –
alles trieft vor Sinn

Haiku III

Novembermorgen,
die Finger steif vor Kälte:
wir leben wirklich.

Warnung

Die Erkenntnis ist eine Falle;
sie verschlingt dich – mich und alle –
ihren einstmals freundlichen Wirt.

Anmerkung II

Etwas, das man kennt,
kann man nicht sehen.

Von Sinnen

Als wir noch ganz schutzlos waren und nur das,
woraus wir gemacht sind,
als schon ein Zittern in den Zweigen genügte,
um an den tiefsten Gründen unsres Wesens zu rühren –

nie hätten wir uns gefragt,
worin der Sinn von allem läge.

Tanze! Singe!

Weil die Dinge
so einfach sind,
ist die Angst so übergroß.

Ach, liebes Leben:
Tanze! Singe!
Lass endlich los.

Zwiespalt

Soll ich der Schwerkraft nun widerstehen
oder mich ihr hingeben?

Anmerkung III

Die Zeit verstreicht allein für den,
der nichts entscheidet.

Haiku IV

Wirf dein Herz stets ganz
in die Waagschale und schau,
was geschehen will.

Von der Magie
(für Ina)

Ganz gleich, was deinen Sinn berührt,
halte ihm die Treue,
weiche ihm nicht aus!

Alles, was dir wie ein flüchtiger Moment erscheint,
ist so unabänderlich wie der Tod.

Gestern Nacht schlich ich mich
während der Sperrstunde aus dem Haus,
um in deine Arme zu fallen –

Und jetzt hängt in meinen Kleidern
immer noch ein Duft von dir.

Brasilien

Heute Nacht
gehört mein Herz dem Wind
und dem Mond, der glitzernd
auf den Wellen tanzt.

Mit dem ersten Licht des Tages jedoch
gehört es wieder dir.

Haiku V

In der Schatulle
bewahre ich alles auf,
Worte und Küsse.

Die Weisheit des Affen

Das Denken ist ein Affe, der
springt von Baum zu Baum;
ihm zu folgen ist recht schwer –
ich empfehle es wohl kaum!

Hangelt er sich dann
behänd von Ast zu Ast,
glaubst du gar fest daran:
„Ich hatte ihn schon fast!"

Flüsterleise, kreischend laut,
eben hier und bald schon da –
wehe dem, der dem Gezeter traut:
„Jedes Wort so schön, so wahr!"

Das hörte man recht viele sagen –
die wurden mit den Füßen aus dem Raum getragen.

Tragik

Wir glauben den Worten mehr
als dem Gefühl, mit dem allein
wir voll ruheloser Fragen sind.

Verlorene Kindheit

Unter dem Bett lauern noch
die selben Ungeheuer –
verloren Sinn, Magie
und Abenteuer

Blaupause

Als wäre die einzige Treue,
die uns möglich sei,
dem Unglück der Eltern
zu folgen.

Faktum

Nichts kann in dir erreicht
oder verändert werden,
nicht eine Kleinigkeit!

Und doch verwendest du
deine ganze Energie darauf,
dich fortzuwinden.

Was bleibt dir, als ein Leben
ohne Sein zu fristen?

Anmerkung IV

Das Übel in allem
ist der Wunsch zu gefallen.

Rekapitulation

Was einer wählt,
daran sei er gebunden
durch magischen Bann

Dass er rückwärts zählt
seine Tage und Stunden,
eh' er neu beginnen kann –

dies allein
mag Ausweg sein

Haiku VI

Das krumme Krächzen
der Krähen erinnert mich
an meine Kindheit.

Von der Angst

Ganz gleich, welcher Gedanke auftaucht –
folge ihm bis zu seinem Ursprung
und du findest die Angst.

Als ließe sich das Leben machen
oder wenigstens abwenden.
Als würde es nicht geschehen,
als könnte es anders sein!

Die Angst ist ein Schleier:
Das, was ist, darf nicht sein.

Anmerkung V

Dass die Dinge sind, wie sie sind,
ziehen wir nie in Betracht.

Wende

Sieh, wie sich alles um dich dreht,
weil es niemals um dich ging
und keiner dich versteht,
weil es nicht vom Wort abhing!

Wie jede Stunde grad' schwer wiegt:
Du wurdest nicht geliebt.

Wie es lodernd in dir brennt,
da der Gedanke vor dir steht –
doch auch das ist ein Moment,
der kommt und dann vergeht.

Waise

Jetzt da mein Herz Waise ist,
sehe ich, wer du bist:
Vater Anstand! Mutter Lüge!
Als ob eure kalte Hand genüge.

Haiku VII

In der Stille ist
nur die Welt noch laut, Brummen
und viel Geraschel.

Anmerkung VI

Seitdem ich auf das rechte Maß geschrumpft bin,
kann ich mir die Niederlage leisten.

Skalierung

Angst zu haben ist leichter,
als sich den Konsequenzen
seiner Bedürfnisse zu stellen.

Sich den Konsequenzen
seiner Bedürfnisse zu stellen,
ist leichter als einzusehen,
dass nichts wirklich eine Bedeutung hat.

Fragment

Der volle Mond steht bleich
über dem roten Ahorn, obgleich
der Abend noch fern ist –

Haiku VIII

Wurzelbehandlung:
unvoreingenommen ist
kein Gedanke je.

Ernüchterung

Lebten wir nicht gerade noch
in einem endlosen Traum so wie
die Ringe auf dem Teich, die
für immer größere Kreise ziehen? Doch:
Niemand wirft mehr Sternchen, nie.

Toter Winkel

Da wir es für unmöglich halten,
entgehen uns beide:
die Wunder und die Schrecken,
die sich vor unserem Blick entfalten

Erschrecken

Wissend, dass du einst stürbest,
ich hätte dich wohl nie bezeugt!
Ahnend, dass du einst würdest:
Herz und Sinn hätt' ich vertäut.

Ich wünschte, etwas blende mich
und meine Ohren wären taub!
Niemals suchten scheue Hände mich –
zitternd selbst wie Espenlaub.

Die Sehnsucht bleibt mir einsam Zeuge
der Gestalt, die niemals werden wird,
da ich mich nicht vor dem verbeuge,
was mit uns heimlich stirbt.

Kontextmenü

Dem, was geschieht,
nicht gewachsen zu sein,
etwas Tragisches oder Versöhnliches
liegt darin –
je nachdem.

Anmerkung VII

Nur wer aufhört,
sich um sich selbst zu drehen,
sieht die Zeit, die auf ihn zukommt.

Aussöhnung

Ich beabsichtige
meine Geschichte
auszulöschen.

Das Wirkliche
benötigt mich
ganz.

Sei mein Gefährte
(ein Liebesgedicht)

Komm, meine Angst, sei mein Gefährte –
du brauchst nicht länger heimlich meiner Fährte
folgen, du Treue!

Wenn alles andre mich verließ,
hieltest du stets mir noch die Hand
und hast dich meiner still bekannt;
du warst die einzige, die niemals wich –
selbst wenn ich von dir nichts wissen wollte,
dir nur unliebsame Blicke zollte,
ließest du mich nie im Stich.

Komm, meine Angst, sei mein Gefährte –
du brauchst nicht länger heimlich meiner Fährte
folgen, du Schöne!

Die längste Zeit gingst du im Dunkeln:
So tritt jetzt endlich vor ins Licht
und lass mich dein Gesicht
nun ganz erkennen;
du musst dich nicht mehr scheu verstecken –
auch ich will dir die Hand entgegenstrecken
und mich ganz zu dir bekennen.

Komm, meine Angst, sei mein Gefährte –
du brauchst nicht länger heimlich meiner Fährte
folgen, du Weise!

Ich lausche gerne deiner Stimme!
Flüstre mir auch deine andren Namen,
die allesamt zur Vorsicht mahnen,
so ungewiss und voller Fragen –
bist du am Ende gar die Achtsamkeit,
verwundbar auch und Zärtlichkeit?
Komm, ich will dich wagen!

Komm, meine Angst, sei mein Gefährte –
du brauchst nicht länger heimlich meiner Fährte
folgen.

Bring mich sacht zum Schweigen

Alle Regungen scheinen mir vertraut:
die, die sich im Winde kräuseln
und die bis hin ins tiefste Schwarz –

und die Gedanken, die sich laut
im Kreis gebären, nur huschen wie ein Säuseln
oder klebrig haften wie ein Harz.

Bring mich sacht zum Schweigen
in deinem warmen Schoß –
will mich scheu entkleiden
und wunder Sinn sein bloß.

Anmerkung VIII

Niemand wird dich daran hindern,
in seichten Gewässern zu planschen.

Anmaßung

Etwas als Wissen zu beanspruchen
heißt, es durch eigene Anstrengung
errungen zu haben.

Vorerst also sind wir nur
Menschen aus zweiter Hand.

Haiku IX

Nenne die Dinge
bei ihrem wahren Namen:
Wer ist noch dein Freund?

Zirkus

Willkommen im Zirkus
der Gefolgschaft, kleiner Affe!

Was die Leute von der Liebe denken

Als wäre sie ein zahmes Tier,
das ihm gehörte oder ihr!

Als spielte sie in Haus und Garten
und würde auf ihr Zeichen warten.

Tollend auf der frisch gemähten Wiese,
bis jemand sie an ihren Platz verwiese!

Haiku X

Es gibt keinen Weg
sich ihr zu nähern, der nicht
schon Umweg wäre.

Schlaf

Entbehrt der Einbildung selbst
auch Gewicht und Gehalt,
so gewinnen die schlimmsten Dinge
doch durch sie erst Gestalt.

Treibjagd

Dem Sanften begegnen wir
mit unnachgiebiger Strenge,
treiben das verwundete Tier
vor uns her und in die Enge.

Sich richten

Richtest du dich
nach den andren, dann
trifft niemand dich
noch jemals an –

Selbst-Erinnern

Verwirf das alteherne Wort,
die Riten der Gepflogenheit –
so geht ein Beben durch den Ort
und in den Stuben knarzt Verlassenheit

Als läge es auf der Zunge,
obgleich's im Halse stecken blieb –
einst war man Mädchen oder Junge,
als man die Sau noch durch die Gassen trieb

Beherrsche kühn die Kunst der Etikette,
doch bewahre Erinnern dir und das Erkennen,
sollte auch die Nachbarschaft, die nette,
das Haus dir niederbrennen

Haiku XI

Raues Erwachen –
um dich herum Tote und
beißende Hunde.

Pate

Wer selber nichts hat,
der steht an dessen statt
mit allzu gutem Rate
eines andren Unglück Pate.

Anmerkung IX

Ach, dein feines Sentiment
ist ein schwerer Sack Zement.

Bis zu den Zähnen bewaffnet

Der Mensch ist ein seltsames Wesen,
das sich in Worten verliert –
er meint: „So ist's gewesen!"
und „Das existiert!"

Der Kreis der Gewissen
ist eine gefährliche Bande,
ganz frei von Gewissen
und zu allem imstande.

Bis zu den Zähnen bewaffnet!
Und ich sag es salopp:
Wir sind alle verhaftet.
Gefühle? Als ob.

Das höchste Gut

Stell dir vor, die Gesundheit wäre
das höchste Gut – zumindest doch das Ungefähre!

Wie würde uns da allen bang
in unsrer verdrießlich schiefen Lage:

Umstellt, umzingelt und bedroht
mühten wir uns ab ein Leben lang

und wären am Ende unsrer Tage
trotzdem mausetot.

Tabu

Lüfte das falsche Geheimnis –
es verfehlt sich selbst und
wirkt doch in allen.

Haiku XII

Wär's verboten, so
existierte es wohl nicht –
Verzicht folgt Einsicht.

Furchtlosigkeit

Als ich jünger war
und meine Seele unsterblich,
war ich wild und entschlossen.

Heute weiß ich:
Der Tod sitzt zur Linken
und die Rechte führt das Schwert.

Abwägung

Vermeide, deine Kraft
im erstbesten Kampf zu vergeuden –
oft genügt es, die Anwesenheit
des Feindes zu bezeugen.

Pirschen

Der Erwartung zu entsprechen,
das kann sich nur erlauben,
wer frei von ihr ist.

Haiku XIII

Allem gewahr sein,
jedem Laut in sich lauschen:
nichts davon bist du.

Dunkler Schoß

Die Liebe ist kühl und rücksichtslos,
ein weiter Raum, ein dunkler Schoß;
von Mikrobe bis zur Galaxie,
sie hält alles – du hältst sie nie.

Haiku XIV

Rauschendes Dunkel:
meine Gedanken wandern
zwischen den Sternen.

LSD

auf der anderen Seite
sei die Einsamkeit so übergroß
und dein Finger vermöchte bloß
zu weisen auf eine endlos leere Weite

eine letzte Frage, die dich bewegt,
nur ein Wort noch, das dich hin zur Schwelle trägt –

dann kappst du die Leinen los,
um das Segel aufzuhissen
und für einen winzigen Moment,
während wir straucheln und wir wanken,
wirst du die stille Antwort wissen:

Lieben – Sehen – Danken

Abschied

Als ich kam, warst du schon tot,
aber deine schönen Hände
waren noch ganz warm, ein bisschen rau
und unaufdringlich – wie immer.

Meine Finger wanderten fragend
über deine kratzigen Wangen und
dein welliges Haar:
noch einmal,
ein letztes Mal noch –

Papa.

Zeit

Als du fragtest, was es sei,
da war es schon vorbei.

Haiku XV

Drehe jeden Stein
zweimal herum, rau und kühl
stets die stumme Antwort.

Am See

In alle Richtungen schaue ich
und sehe, wie die Kreise sich
aus der Mitte fortbewegen
und doch allein ihr Zeugnis geben.

Haiku XVI

Flink huschen Schatten –
draußen vorm Haus höre ich
die Elstern schackern.

Anmerkung X

Wer vom Ankommen träumt,
liebäugelt mit dem Tod.

Meditation

Den tausend Idioten
Einhalt geboten

Freiheit

Du wirst mich niemals binden
an einen Weg, der nicht der meine ist –
doch wenn du willst, kannst du mich finden,
wo das raue Meer den Himmel küsst.

Haiku XVII

Einleuchtendes Zen:
heiseres Krächzen der Krähen
zur Abendstunde.

Beten

Ich bete zu Gott in diesen gottlosen Zeiten,
löse ihm sanft jedes Bild vom Gesicht –

und die Namen, die ihn seit jeher begleiten,
lösche ich aus wie ein sterbendes Licht;

Wort um Wort wische ich fort von den Seiten,
bis jedes Blatt wieder weiß ist und schlicht.

Der stille Ozean
(für Barbara)

So gerne fände ich große Worte,
ein Bild, das die Zeit nicht berührt,
beträte mit dir die entlegensten Orte,
an die dich noch niemand geführt

Aber das ist nur ein alter Fiebertraum,
aus dem ich manchmal noch schwitzend erwache,
eines alten Kleides ausgefranster Saum,
ein verblassender Märchendrache

In Wahrheit bin ich immer hier
im stillen Ozean aller Dinge
mit dem großen Walfisch und mit dir –
ein Herz und eine Stimme

Haiku XVIII

Der Regen prasselt
auf das Wellblechdach; endlich
allseits Einsamkeit!

Anmerkung XI

Schweigt das Denken,
folgt alles deinem Willen.

Kontakt

dialogpraxis@mailbox.org
www.dialog-prozess-praxis.de